KB202793

메시지의 유산

Hudson Taylor's Legacy
Daily Readings
1. The Legacy of His Message

Selected and Edited by Marshall Broomhall

메시지의 유산

The Legacy of His message

엮은이 마셜 브룸홀 · 옮긴이 최태희

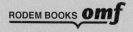

이 도서의 국립중앙도서관 출판예정도서목록(CIP)은 서지정보유통지원시스템 홈페이지(http://seoji.nl.go.kr)와 국가자료공동목록시스템(http://www.nl.go. kr/kolisnet)에서 이용하실 수 있습니다. (CIP제어번호 : CIP2014021143)

허드슨 테일러의 유산_매일 묵상집 · 1

메시지의 유산

1판 1쇄 발행 2014년 7월 20일

엮은이 마셜 브룸홀
옮긴이 최태희
표지디자인 권승린
본문디자인 최인경

발행처 로뎀북스
발행인 최태희
등록 2012년 6월 13일 (제331-2012-000007호)
주소 부산광역시 남구 황령대로 319번가길 190-6, 101-2102
전화 · 팩스 051-467-8983
이메일 rodembooks@naver.com

ISBN 978-89-98012-12-0 04230
ISBN 978-89-98012-9-0 (세트)

목차

메시지의 유산
The Legacy of His message

하나님의 말씀을 너희에게 일러 주고

너희를 인도하던 자들을 생각하라.

(히브리서 13:7)

Remember your leaders,

those who first spake God's message to you.

(Hebrews 13:7)

메시지가 있는 사람, 그 중에서도 특히 하나님으로부터 받은 말씀이 있는 사람은 기억해 두어야 하는 사람이다. 위임받은 말씀을 전한 사람은 기억에 남는다. 난생 처음 하나님의 복음을 들은 사람들은 그 말씀을 처음 전해 준 사람을 쉽게 잊을 수 없을 것이다. 그런데도 아마 히브리서 독자의 경우와 같이 분명 그만 잊었기 때문에 이러한 권면을 했을 것이다. 더 이상 복음의 메시지가 새롭지 않은 사람들은 자신의 의무를 잊을 위험이 있을 뿐 아니라 그 의무를 의식조차 하지 못할 수 있다.

주의를 집중하라고 명령하여 익숙한 진리에 관해 상상력을 불러일으킬 수 있는 사람, 옛 것에서 이전에 결코 보지 못했던 것을 우리가 볼 수 있도록 해 주는 사람은 반드시 기억해야 할 사람이다. 아마도 그의 임무는 그 두 가지 일보다 더 어려울 것이다.

허드슨 테일러에게는 잦은 반복으로 둔감해진 메시지를 강조하여 드러내는 능력이 있었다. 그것은 매우 뛰어난 그의 은사였다. 상식이 되어 버린 옛 진리, 해야 할 일로 인정은 하지만 감당하지 않는 의무들, 인정하지만 그저 무시하는 사실들이 그가 이야기하면 거역할 수 없는 도전이 되어버리는 것이었다.

그는 '하나님께서 당신의 귀중한 진리를 우리 가슴에 새기시기를… 그것이 그저 머리로 아는 지식이나 구호가 아니라 우리의 영혼과 정신 속에 일부분이 되게 해 주시기를!'라고 호소했다.

허드슨은 둘러말하지 않고 단순하고 솔직하게 표현했다. 바울이나 시편 기자처럼 '믿는 고로 말하였다.' 다른 무엇보다도 그가 하던 말에는 하나님의 말씀에 대한 순수하고도 전적인 믿음이 배어 있었다. 성경에 기록된 것을 그대로 믿었다. 믿음을 실제로 적용하는 일을 피하지 않았다.

'하나님께서 우리가 묵상하는 것을 실제 생활로 옮기게 해 주시기를!', 또는 '하나님의 뜻을 행하려고 작정한 사람에게는 기도와 함께 하는 겸손한 묵상이 필요하다.' '하나님께서 성경을 주신 의도는 우리에게 그분이 시키시는 일이 무엇인지 알고 행하도록 가르치려는 것이다.' 고 예리한 관찰을 피력하기도 했다. 그의 말은 마치 바른 장소에 박힌 못과도 같았다. 허드슨은 탁상공론을 하는 사람이 아니라 스스로 실천하는 사람이었고 그렇게 가르치는 탁월한 교사였다. '언제나 되어야 주의 백성들이 하나님께서 모든 피조물에게 복음을 전하라고 하신 명령이 쓰레기통에나 넣으라고 주신 것이 아니라는 것을 깨달을 것인가?'

사람들은 부르짖음에 가까운 그러한 강력한 외침에 사로잡힐 수밖에 없었다. 동의하기가 너무 쉽기 때문에 오히려 치명적이었다. 하나님이 요구하시는 것은 순종이었다.

허드슨 테일러가 했던 설명이 가치가 있던 것은 스스로가 자신의 내면을 깊이 탐구하는 경험이 있었고, 자기가 거의 짓눌려 으깨지는 시련을 겪었으며, 자기 힘으로 감당하기 힘들었던 위기들을 헤쳐 나왔기 때문이었다.

아이작 뉴턴은 자기가 다른 사람과 유일하게 다른 점은 사물을 더 주시해서 본 것이고 그랬기 때문에 더 많은 부분을 볼 수 있었다고 했다. 우리는 눈으로만 보는 것이 아니다. 눈은 수단일 뿐이다. 문제는 무엇이 뉴턴으로 하여금 더 많이 볼 수 있게 하였냐는 것이다. 허드슨 테일러는 다른 사람보다 하나님의 말씀을 더 주목해서 보았기 때문에 말씀에서 더 많은 것을 볼 수 있었다. 하나님을 위해서 어떤 모험도 마다하지 않았고, 사람들이나 자신의 영혼에 대해서 갈증을 가지고 있었기 때문에 하나님의 말씀을 더욱 깊고도 간절하게 파고들었던 것이다.

허드슨 테일러의 성경 강해는 매우 투명하고 명쾌하다. 심오함과 단순함이 함께 들어있다. 그는 현실을 가르쳤다. 애매모호하거나 추상적일 필요가 없었다. 학문적인 이론이 아니라 고난의 용광로 속에서 녹아진 확신을 다루었다. 그가 제시하는 그림은 희미하거나 초점이 흐려진 것이 아니었다. 경험에서 나온 것이기 때문에 설득력이 있었다. 겸손한 마음으로 읽기만 하면 결코 그가 전하려는 의미를 놓칠 수가 없다.

형제들과 같이 되심

MADE LIKE UNTO HIS BRETHREN

그가 범사에 형제들과 같이 되심이 마땅하도다.

(히브리서 2:17)

It behoved Him in all things

to be made like unto His brethren.

(Hebrews 2:17)

중국 사람과 같이 되어 중국인을 얻으려고 진실한 마음으로 시도해 본 사람치고 자신의 그러한 노력을 후회했다는 이야기를 나는 한 번도 들은 적이 없다. 행동과 감정을 중국인과 다르게 하면서 중국옷을 입기만 하는 것으로는 좋은 결과를 내지 못한다. 하나님의 말씀은 무엇이라고 하는가? 자신을 부르신 이에게 충성하셨던 우리가 사도시요 대제사장이라고 고백하는 예수 그리스도께서 우리가 따라야 할 모범을 남겨 놓으셨다.

우리 주님이 이 땅에 빛의 천사로 오셨다면 틀림없이 사람들에게 더욱 큰 두려움과 경외심을 불러일으키고 더 많은 사람들을 당신의 사역자로 모집할 수 있었을 것이다. 그런데 사람들을 구원하기 위하여 그분은 그저 '사람처럼'이 아니라 바로 그 '사람'이 되셨다. 말, 의상, 죄 되지 않은 모든 면에서 주님은 당신께서 혜택을 주시려고 했던 바로 그 사람이 되셨던 것이다. 만일 주께서 유대인이 아니라 로마 귀족으로 태어나셨다면 아마 사랑은 덜 받았어도 존경심 같은 것을 불러일으키며 명령을 하셨을 것이다. 그랬다면 그를 향해 분개하던 사람도 적었을지 모르겠다.

　그러나 그것은 그분의 의도가 아니었다. 주께서는 자신을 비우셨다. 이 가난한 백성들이 주 예수의 이름과 우리 하나님의 성령으로 씻기고 거룩해지고 의롭게 되는 것을 보고 싶어서 약하고 낮은 예수님을 따라 사는 사람을 보고 선교사의 품위를 떨어뜨렸다고 할 사람은 없을 것이다. 오히려 우리는 '하늘과 땅의 모든 권세를 자신의 손에 주셨고, 자기가 하나님께로부터 왔으며 하나님께로 가는 사람임을 알고 저녁 먹던 자리에서 일어나 제자들의 발을 씻으시고 허리에 두르셨던 수건으로 닦아주셨던' 예수님을 따라 살아야겠다.

모든 사람의 종

SERVANT UNTO ALL

내가 모든 사람에게서 자유로우나 스스로 모든 사람에게
종이 된 것은 더 많은 사람을 얻고자 함이라.

고전 9:19

Though I be free from all men, yet have I made myself

servant unto all, that I might gain the more.

1 Corinthians 9:19

바울은 '나에게 사는 것이 그리스도라.'고 진심어린 고백을 했는데, 그것은 주 예수의 삶을 아름답게 해설한 것이다. 선교사 중에서도 가장 위대했던 그가 어떤 정신으로 사역해서 그렇게 대단한 성공을 거둘 수 있었는지를 이렇게 표현한다. "나는 모든 사람에게서 자유롭지만 스스로 모든 사람에게 종이 되었다. 그 이유는 더 많은 사람을 얻기 위해서이다. … 내가 이렇게 하는 것은 복음을 위해서이다."

편견만 없다면 여기에서 언급하는 원칙이 바르다는 것에

대해서 부연 설명을 할 필요가 없겠지만, 문제는 이것을 중국인에게 어느 정도까지 적용하겠는가 하는 것이다. 우리가 상대해야 하는 중국인은 수 세기에 걸쳐서 자신들의 습관과 관습이 우월하다는 편견을 가지고 있는 백성이다. 왕가나 백성들이 기독교에 대해서 반대하는 주된 이유는 그것이 '외국'의 종교이기 때문이고 신자를 외국과 가까워지게 하는 경향이 있기 때문이다. 개종하게 되면 어느 정도 선교사의 옷차림이나 태도에 영향을 받고, 이국적인 예배당과 종교에 관련된 모든 것에 외국의 분위기가 감돌아 진리가 중국인들 사이에 신속하게 전파되는데 크게 방해가 되고 있다는 생각이 든다.

그런데 기독교가 왜 그러한 외국 냄새를 풍겨야 하는가? 하나님의 말씀은 그것을 요구하지 않고, 또한 어떤 이유도 그것을 정당화 할 수 없다고 생각한다. 우리가 원하는 것은 그들이 중국인이 되지 말라는 것이 아니고 기독교를 믿는 백성이 되라는 것이다. 우리는 진정으로 기독교를 믿는 중국인, 모든 면에서 뼛속 깊이 중국인인 기독교인을 보고 싶다. 중국인 목사, 중국인 사역자가 완전히 중국식의 건축 양식으로 지은 교회에서 예배를 인도하는 중국 교회를 보고 싶은 것이다. 그것이 우리가 진정으로 소원하는 것이라면 가능한 한 바른 모범을 그들 앞에 보이자. 죄가 되지 않는 모든 면에서 중국인이 되자. 다만 몇 명의 영혼이라도 구원하기 위해서.

'너희 안에 이 마음을 품으라.'

'LET THIS MIND BE IN YOU'

'그는 근본 하나님의 본체시나

하나님과 동등됨을 취할 것으로 여기지 아니하시고

오히려 자기를 비워 종의 형체를 가지사' (빌 2:6,7)

Who being in the form of God, counted it not

a prize to be on an equality with God,

but emptied Himself, taking the form of a servant.

(Philippians 2:6,7)

'너희가 우리 주 예수 그리스도의 은혜를 알거니와 부요하지만 너희를 위하여 가난하게 되심은 그의 가난함으로 너희를 부요하게 하려 함이라.' '너희 안에 이 마음을 품으라.'

그분이 무엇을 포기하셨는지 생각해 보겠는가? 하늘 보좌를 떠나서 구유 요람에 오셨다. 전능하신 힘으로 다스리며 만물을 채우시는 분이 강보에 싸인 연약한 어린 아기가 되셨다. 아버지께서 사랑하는 분으로서 감사와 이해와 천군천사의 영원한 찬양을 받으셔야 할 분이 멸시받는 나사렛 사람이 되셨고, 따르던 제자들에게 오해를 받으셨으며 축복하려던 대상에게서 의심을 받으셨다. 자기가 존재하는 것이 그분 때문인 줄도 모르는 사람들, 그분이 구원하려던 그 사람들은 오히려 그를 경시했고 거절했다. 그리고 마침내 조롱당하고 침 뱉음을 당했으며 창에 찔리고 강도와 무법자와 함께 십자가에 찔려 못 박히셨다.

형제자매들이여, 이것을 생각한다면 우리가 얘기해 온 사소한 희생을 감당하지 못하겠다고 망설일 수 있겠는가? 우리는 여러분이 이 작은 일뿐 아니라 그리스도를 위해서 수천 가지라도 더 내려놓을 준비가 되어 있을 것이라고 믿는다. 하나님의 은혜로 주 예수께로부터 받은 사명을 위해서 여러분은 자신의 목숨을 조금도 귀한 것으로 여기지 않고 끝까지 기쁨으로 그 길을 가고 싶어 할 것으로 믿는다.

조건부로 헌신하지 말자. 우리는 그분의 것이고 이 일로 그분을 섬기기로 작정했으니 전적으로 온전히 자신을 드리자. 그러면 실망하지 않을 것이다. '이것도, 저것도, 또 다른 것도 포기해야만 하는가? 그것이 하나님의 부르심이라는 것인가?'라는 의문이 생기거나, '이렇게 궁핍하고 불편할 줄 몰랐다.'는 생각을 허용하기 시작하면 여러분의 섬김을 효과적이고 성공적으로 만드는 자유와 행복이 사라질 것이다. '하나님은 즐겨 주는 자를 사랑하신다.'

성공의 비결 1

THE SECRET OF SUCCESS 1

지극히 높은 곳에서는 하나님께 영광이요
땅에서는 기뻐하심을 입은 사람들 중에 평화로다.

(눅 2:14)

Glory to God in the highest,

and on earth peace, goodwill toward men.

(Luke 2:14)

사람들이 4천 년 동안 헛되이 애쓰고 있을 때, 구세주가 오셨다. 능하신 이가 큰일을 행하셨을 때 천사들이 얼마나 기뻐했겠는가? 세상은 악한 자의 손 안에 있었다. 사탄의 승리가 거의 눈앞에 있었다. 그때 하나님께서 구원의 행동에 착수하셨다. 당신의 때에 당신의 방법으로 당신 자신의 영광을 위해서. 곧 기쁜 소식이 선포되었다. '오늘날 다윗의 동네에 너희를 위하여 구세주가 나셨으니 곧 그리스도 주시니라. 그분의 이름은 기묘자, 모사, 전능하신 하나님, 영원하신 아버지,

평강의 왕이시라.'

그분은 언제 어떻게 오셨는가? 어떤 모습으로 그렇게 능력 있고 영광스러운 일을 하셨는가? 한낮에 태양이 가장 밝게 빛날 때 그 모든 빛보다 더 찬란한 광휘로 그 빛을 무색하게 하면서, 세상의 존귀한 자들이 경외심을 가지고 서로 다투어 왕을 영접하듯이 그렇게 환영을 받으며 오셨는가? 아니다! 고요한 밤에, 화려하지 않은 모습으로 그 누구의 주목도 받지 않고, 영광의 주께서 죄로 물든 세상에 마치도 보이지 않는 존재처럼 가만히 오셨다.

그분이 어디에 계시냐, 유대인의 왕으로 나신 이가 어디 계시냐? 동방박사가 예루살렘에서 그를 찾았다. 위대한 이의 저택, 현자의 집, 귀족의 궁전을 찾아보라. 아니다! 그분은 그곳에 계시지 않다. 아니, 예루살렘에는 그분을 맞이할 보금자리가 없었다.

그분을 찾고 싶은가? 유대 고을 중에서도 작고 작은 베들레헴 에브라다에 가야 한다. 그곳에 가서도 말구유까지 가야만 그분을 만날 수 있다. 그분이나 그 부모를 위해서는 여관에 방이 없었기 때문이다. 천사의 계시는 왕좌의 헤롯에게 허락되지 않았다.

대제사장이나 산헤드린 공회도 그 계시를 받지 못했으며, 진리를 추구하던 동방박사들에게도 계시는 주어지지 않았다. 하나님은 가난한 목자들, 밤에 양을 치던 그들에게 천사의 계시를 내려 주셨다. 지금도 힘들게 수고하는 이들이 편하고 사치한 사람들은 결코 알지 못하는 계시를 많이 받는다.

memo

성공의 비결 2

THE SECRET OF SUCCESS 2

예수께서 또 이르시되 너희에게 평강이 있을지어다.

아버지께서 나를 보내신 것 같이 나도 너희를 보내노라.

(요한복음 20:21)

Jesus therefore said to them again, Peace be unto you;

as the Father hath sent Me, even so send I you.

(John 20:21)

    하늘의 천군천사는 혼돈이 아름다움으로 덮이던 그 창조의 순간 놀라며 기뻐 노래했다. 창조가 완성된 것이었다. 그런데 지금 그들이 보는 것은 그 창조주께서 친히 인간의 몸을 입고 자신을 비워 구유에 누워 계신 것이었다.

    사람들은 '부요하시지만 우리를 위해서 가난하게 되신' 예수 그리스도를 보고 이전에 결코 알지 못했던 주님의 은혜를 깨달았다. 하나님의 지혜와 능력이 우리를 구원하셨다. 그런데 그 일을 위해서 지혜나 부, 지상의 고상함과 손잡지 않으시고 가장 낮은 장소를 택하셨다. 그곳이 사랑과 은혜를 주시려는 그분의 목적에 가장 부합되는 곳이라고 생각하신 것이었다.

이러한 교훈을 배웠는가? 기꺼이 배울 마음이 있는가? '아버지가 나를 세상에 보내신 것 같이 나도 너희를 보내노라.' 그와는 달리 여러분은 우리가 자주 범하는 오류, 즉 하나님의 계획을 개선해보려는 시도를 또 다시 하려는가? 그러한 시도는 당연히 늘 실패하지 않았는가? 약함과 가난의 사도적 선교 방식을 따르기 위해서는 반드시 하나님만을 전적으로 의뢰해야 하고 그렇게 했을 때 훌륭하게 성공할 수 있었다.

오늘날의 선교에서도 그 원리는 불변하다. 재물이나 교육, 정치적인 힘에 의존하지 않고 자신을 비우는 정도에 따라서 고무적인 결과가 나온다. 미얀마나 마다가스카르에서 당하던 박해나 남태평양 섬의 식인 풍습도 복음 전파의 장애가 아니라 오히려 축복의 조건이 되었다. 예수님은 첫 제자를 부르실 때 모든 것을 버려두고 따르라고 하셨고 그분 자신이 '부요하셨음에도 우리를 구원하기 위해서 가난하게 되셨다.'

본국에서든 해외에서든 사람을 낚는 어부의 일을 가장 성공적으로 하고 싶은 사람이라면 이 이상 더 현명하고 확실한 모범은 찾을 수 없을 것이다.

영의 과학 1

Spiritual Science 1

우리 주 예수 그리스도의 은혜를 너희가 알거니와

부요하신 이로서 너희를 위하여 가난하게 되심은

그의 가난함으로 말미암아 너희를 부요하게 하려 하심이라.

(고후 8:9)

Ye know the grace of our Lord Jesus Christ, that, though He was rich,

yet for your sakes He became poor,

that ye through his poverty might become rich.

(2Corinthians 8:9)

현명한 사람들은 자연의 법칙을 잘 이용하여 이전 조상들이 몰랐던 위대한 결과를 성취한다. 우리 하나님은 은혜의 하나님이시면서 자연계의 하나님이시다. 그분은 언제나 가장 좋은 방식으로 행동하시기 때문에 같은 상황에서는 언제나 같은 방식으로 행하신다. 자연을 다스리는 위대한 분이 누구인지 모르는 이들 중에도 많은 사람이 그 자연이 한결 같은 방식으로 운행되는 것은 알아본다. 그런 사람들은 하나님이 일정한 방식으로 자연을 운영하신다고 하지 않고 자연의 법칙이 일정하다고 말하는 쪽을 선호한다.

그렇지만 우리가 자연 법칙이라고 말한다면, 그 표현을 오해하지 않도록 하자. 제대로 된 집이라면 초인종이 울릴 때 나가서 문을 열어준다. 법칙에 의해서 열린다고 하는 생각은 완전히 잘못된 것이다. 직접적이든 간접적이든 가장이 열어주는 것이다. 그러므로 '참새 하나도 아버지의 허락 없이는 떨어지지 않는다.'

하나님을 아는 우리들, 그분의 자녀인 우리들은 불 위에서 물을 끓게 하고, 엔진의 증기를 그렇게 대단한 힘으로 팽창하게 하는 분이 변하지 않는 우리의 하나님이심을 기억하는 것이 좋을 것이다. 하나님께서 전류를 일정하게 흐르도록 하셨기 때문에 우리는 그분의 그러한 힘을 이용해서 유익한 전보로 사용할 수도 있고, 같은 전기 때문에 벼락을 맞아 죽을 수도 있다. 중력의 법칙도 그분이 행하시는 일이 한결 같기 때문에 우리가 인식하는 것이다.

그분은 은혜의 영역에 있어서도 군림하고 계시고 변함이 없으시다. 하나님의 군림은 절대로 변덕스럽거나 독단적이지 않다. 자연계 뿐 아니라 영적인 것들을 연구해보면 그분이 행동하는 방식을 대개 알아낼 수 있다. 그분의 율례 중 어떤 것은 성경 말씀에 명백하게 계시되어 있다. 다른 것들은 그

가운데 기록된 행동들이 좋은 예가 되고 있다. 그리고 하나님을 알고 사랑하며 경외할 수 있는 가장 좋은 길은 기록된 말씀을 성령의 조명을 통해서 연구하는 것이다. 그리고 하나님은 특히 예수 그리스도의 얼굴에서 그 모습을 보이신다.

memo

영의 과학 2

Spiritual Science2

우리 주 예수 그리스도의 은혜를 너희가 알거니와

부요하신 이로서 너희를 위하여 가난하게 되심은

그의 가난함으로 말미암아 너희를 부요하게 하려 하심이라.

(고후 8:9)

Ye know the grace of our Lord Jesus Christ, that, though He was rich,

yet for your sakes He became poor,

that ye through his poverty might become rich.

(2Corinthians 8:9)

하나님은 성령으로 조명해 주시기를 간절히 구하는 자에게 결코 거절하시지 않으신다고 친히 말씀하셨다. 영적인 것은 영적으로라야 분별이 된다. 그런데 영적인 사람들이 영적인 법칙을 배우는 일은 자연인이 자연의 법칙을 배우는 것과 같이 그리 어려운 일이 아니다. 아니 오히려 자연 과학을 연구하고 관찰하는 것보다 영적인 것은 그 계시가 더 뚜렷하다. 하나님의 말씀과 하나님의 길을 연구하면 금방 그분의 행동

양식을 알 수 있기 때문에 영적인 것이 더 배우기가 쉽다. 자연의 비밀 중에는 몇 사람 밖에 알 수 없는 것도 있다. 그렇지만 은혜의 비밀은 하나님의 자녀 모두가 알 수 있는 것이다. 단, 그럴 수 있기 위해서는 기꺼이 배우려고 하고, 또 배운 대로 순종해야 한다는 조건이 붙는다.

　자연계에 연약한 인간의 이해를 넘어서는 신비가 많이 있는 것처럼 영적인 일에도 지금 여기에서는 아직 알도록 되어 있지 않은 비밀이 있다. 그러나 사람들이 자연 속에서 이미 알려진 것들을 이용해서 증기, 전기 등을 사용하는 놀라운 결과를 가져온 것처럼, 이미 계시되어 알고 있는 영적인 법칙을 사용하면 놀라운 일을 성취할 수 있다. 말이 만 마리가 있어도 런던에서 글라스고우까지 일주일 안에 짐을 실어 나르지 못하는데 기차를 이용하면 그것이 반나절이면 가능하다. 짐꾼 만 명이 런던에서 상하이까지 한 달 안에 전하지 못하는 소식을 전보를 통해서는 몇 시간 안에 전할 수 있다. 영적인 일에서도 마찬가지이다. 아무리 노력을 많이 기울이고 좋은 조직을 만들어도 영적인 능력이 없으면 열매를 거둘 수 없다. 영적인 열매는 하나님이 이끄시는 대로 따라가고 그분이 지시하시는 일을 그분의 방법대로 할 때 쉽게 거둘 수 있는 것이다.

영의 과학 3

SPIRITUAL SCIENCE 3

우리 주 예수 그리스도의 은혜를 너희가 알거니와

부요하신 이로서 너희를 위하여 가난하게 되심은

그의 가난함으로 말미암아 너희를 부요하게 하려 하심이라.

(고후 8:9)

Ye know the grace of our Lord Jesus Christ, that, though He was rich,

yet for your sakes He became poor,

that ye through his poverty might become rich.

(2Corinthians 8:9)

영적인 일에 성공하기 위해서도 조건이 있다. 이것을 무시하면 고생을 많이 하고 심는 것이 많아도 열매는 거의 거두지 못할 수 있다. 우리가 많이 노력했지만 실패했던 이유는 혹시 하나님의 일을 사람의 방법으로 하려고 해서가 아니었는가? 심지어 어떤 때는 사탄의 방법까지 쓰지는 않았는가? 이것이 놀라운 질문처럼 들리는가? 우리 주께서 세례를 받으신 후에 유혹을 받으셨던 이야기를 읽고 사탄이 사용했던 방법을 보

라. 우리가 하나님의 사역에 진보가 있도록 하기 위해 무심코 자주 사용했던 방법이 아니었는가? 본국에 있는 성도들이나 선교지에 있는 현지 동역자들에게 금전적으로 지원하고 직위를 부여하여 사역을 시작하도록 유인하지 않았는가? 하고 있는 사역을 지속하도록 도울 때는 더욱 더 그러하지 않았는가? 헌금 주머니를 돌리지 않고 기부자의 이름이 나오지 않아도 같은 액수의 헌금이 나왔겠는가?

영광의 주께서 지고의 축복을 주려고 오셨을 때, 그분은 당신의 목적을 성취하실 수 있는 최적의 장소로 가장 낮은 곳을 택하셨다. 같은 방식으로 우리 같이 불쌍한 파산자들을 부요하게 해 주시기 위해 지혜롭고도 즐거운 마음으로 당신께 있던 모든 부요함을 다 비워버리셨다. 마치도 그런 것들이 당신의 목적을 달성하는데 전혀 필요하지도 않고 적합하지도 않은 것처럼…

예수님은 하나님의 지혜이고 하나님의 능력이시기 때문에 당신의 목적을 이루기 위해서 가장 힘 있고 가장 현명한 방법을 택하셨을 것이다. 그분은 로마 귀족으로 오실 수도 있었다. 그렇게 하여 제자를 얻으실 수도 있었을 것이다. 그랬다면 어떤 종류의 제자였을까? 아니면 부요한 유대 귀족 가문에 오실 수도 있었겠지만 그렇게 하지 않으셨다. 그것이 하나님의 방법이 아니었기 때문이었다.

    고린도 성도들은 부요하신 자로 자기들을 위해서 가난하게 되셨던 주 예수 그리스도의 은혜를 알았다. 우리는 어떠한가? 그것을 알고 싶은가? 우리가 사람들의 구원을 위해서 값비싼 희생을 하지 않는다면 '하나님을 본받는 자'라고 할 수 있는가? 제단에 필요한 제물은 우리의 이삭이지 남아도는 사치품이 아니다. 그리스도께서 우리를 사랑하셔서 우리를 위하여 자신을 주신 것처럼 우리도 사랑으로 행하지 않는다면 우리가 그리스도를 따르는 자들이라고 말할 수 있겠는가?

memo

9일

성육신에서 배우는 교훈
LESSONS FROM THE INCARNATION

자녀들은 혈과 육에 속하였으매

그도 또한 같은 모양으로 혈과 육을 함께 지니심은

(히 2:14)

Forasmuch then as the children are partakers of flesh and blood,

he also himself likewise took part of the same

(Heb. 2:14)

우리 구주 예수 그리스도의 성육신에는 특히 주님처럼 멸망해 가는 사람들을 구원하기를 소원하는 사람들에게 교훈이 되는 복된 가르침으로 가득하다. 참으로 경이로운 이야기이다. 그 의미를 기독교인의 실제적인 사역과 관련지어 깊이 생각해 보자.

그리스도를 따르는 사람들로서 우리는 어떻게 그분의 성육신을 본받을 수 있는가? 우리에게 열매가 있기 위해서는 하나님의 방법을 잘 이해하고 그것을 우리가 하는 사역에 잘 적용해야 할 것이다. 이제껏 보아왔듯이 주 예수께서는 자신을 낮추시고 우리를 살리기 위하여 가장 낮은 곳을 택하여 오셨다. 그리고 우리를 부요하게 해주시려고 자신을 비우셨다. 여기에서 우리는 그분이 버리신 것뿐 아니라 취하신 것 즉, 사역을 성공적으로 하기 위하여 그 몸에 입으신 것에 대해서도 배우려고 한다.

말씀이 육신이 되어 우리 가운데 거하셨다고 한다. 그분은 사람의 모양으로 나타나셨고 종의 형체를 입으셨다. 주님은 자신의 신성을 결코 잊지 않으셨지만, 그것을 사용하여 악에 대항하거나 인간적으로 필요한 것을 채우지 않았고 자신이나 제자들의 특권을 주장하기 위해 자신의 신성을 사용하지 않았다. 주님은 범사에 형제들과 같이 되셨던 자신의 위치를 고수하셨다. 그것은 선교사로서 사역할 때 너무도 자주 잊고 있는 교훈이다.

선교사는 하늘을 떠나는 것도 아니고 포기해야할 신성이 있는 것도 아니다. 그렇지만 일반적으로 집을 떠난다. 자신의 국적을 밝혀서 자신이나 추종자들을 위해서 특별한 권리를 얻을 수도 있다. 또는 그렇게 하지 않는 것이 더 현명하다고 판단하여 그대로 고통당할 수도 있다. 선교사는 외국인이라는 자신의 신분을 주장하며 어떤 권리를 유지할 수도 있지만 주위 사람들과 같은 옷, 같은 외양, 같은 집, 같은 언어를 사용하는 것으로 자신을 동화시킬 수도 있다. 이렇게 살 때 반대에 부딪히기가 쉽지만 이것이 예수님께서 택하신 방식이기 때문에 우리도 계속 그 길로 가려고 한다. 주 예수께서 말씀하셨다.

'내가 너희에게 본을 보였으니 너희도 이와 같이 하라.'

memo

사도의 모범 1

APOSTOLIC EXAMPLE

내가 그리스도를 본받은 것 같이

너희도 나를 본받는 자라 되라.

(고전 11:1)

Be ye followers of me, even as I also am of Christ.

(I Cor. 11:1)

주 예수께서 자신을 비우신 것은 구속 사역에서나 필요한 것이었지 사역을 할 때도 반드시 그러해야 하는 것은 아니지 않느냐고 당혹스러워하며 질문하는 사람이 간혹 있다. 위대한 사도 선교사는 어려워하지 않고 그러한 삶을 살았다. 개인적으로 그렇게 그리스도를 드러내던 사람도 적었고, 그렇게 주님의 삶을 충실하게 따랐던 사람도 몇 명 되지 않았다.

그리스도께서 사도 바울에게 자신을 계시하셨을 때 어떤 일이 일어났는가? 바울은 예수님을 만나고 나서 즉시로 자기가 거역했던 것을 회개하며 그리스도를 전파하였다. 예수 그리스도 와 '십자가에 못 박히신 그분' 외에는 아무 것도 알지 않기로 작정했다. 바울은 인간에게 가능한 최대한의 한계까지 자신을 비웠다. 출신, 지위, 교육 등 한 마디로 무엇이든지 자기에게 유익하던 것을 그리스도를 위하여 다 해로 여겼고, 대신에 자신의 주 예수 그리스도를 아는 지식의 고상함에 비하여 다른 것은 모두 아무짝에도 쓸데없는 배설물로 여기며 영적으로 그렇게 교환하는 것을 기뻐했다.

그러한 것 대신에 만일 그가 로마 별장과 프레스코화가 그려진 담, 대리석 분수와 조각상들이 부러워 그것들을 추구하고 귀족의 지위와 왕관을 얻었다고 상상해 보자. 그러면 그는 얻은 사람이었을까, 잃은 사람이었을까?

바울은 자기 삶에 있던 도덕적 위엄이 세상의 즐거움을 초월한 영적 기쁨이며 훨씬 더 가치가 있는 것이었다고 하지 않는가? 그의 삶은 수 세기를 뛰어 넘어 오늘날까지도 위대하게 영향을 끼치고 있지 않은가? 그 모든 것은 훌륭하기는 하지만, 네로의 칼로 그 영혼이 자유롭게 된 기독교 영웅이 승리의 입성을 하여 왕이신 주님 앞에서 받는 환영의 영광에는 완전히 무색해 지는 것이다. 오, '잘 하였도다!'고 하시는 말씀이 영광스러운 보상인 것이다. 이 땅에서 가난하고 수고하고 섬기던 삶은 그 영광을 누리기에 지나치게 비싸게

치른 대가가 아니었다. 바울의 말이 아직도 우리 귀에 울리고 있지 않은가?

'내가 그리스도를 본받은 것 같이 너희도 나를 본받는 자라 되라.'

memo

사도의 모범 2

APOSTOLIC EXAMPLE 2

내가 그리스도를 본받은 것 같이

너희도 나를 본받는 자라 되라.

(고전 11:1)

Be ye followers of me, even as I also am of Christ.

(I Cor. 11:1)

하나님께서는 사도 바울이 처음 선교 여행을 떠날 때 기쁜 마음으로 '위로의 아들' 바나바를 동역자로 붙여 주셨다. 바나바에게 언제 그런 별명이 붙었는지는 모르겠지만, 그가 어떤 사람인지를 알 수 있는 사건이 사도행전 4장에 기록되어 있다. 바나바는 부자였는데 가난하고 어려운 형제들을 위로하고 감싸 안기 위하여 자기 재산을 모두 내놓고 자기는 가난해졌다. 그렇게 하여 '위로의 아들'이 되지 않았을까? 그가 어느 정도까지 가난해졌는지는 사도바울의 말을 통해서 짐

작할 수 있는데, 바나바도 바울처럼 자기 손으로 일해서 살았던 것으로 보인다.

하나님께서는 그리스도를 전하는 선교사들의 긴 명단 중에 이러한 사람들이 제일 첫 자리의 영예에 합당하다고 보셨다. 그와 같은 사람들의 사역을 통하여 주님의 교회가 줄지어 탄생하였다. 그 선교사들은 어떤 위험에도 기가 죽지 않고 유대인의 종교나 이방인의 미신이 아무리 입 다물게 하고 짓밟으려고 해도 그 시도를 헛된 것으로 만들어 버리는 사람들이었다.

또한 이 사도들은 일을 할 때 주인께서 하셨던 방법대로 했다. 주님은 사람에게 오시면서 사람이 되셨고, 유대인에게 오시기 위해 유대인이 되셨다. 반면 사도들은 자신들이 이미 유대인이지만 특히 이방인에게 복음을 전해야 했다. 그렇게 해야 했을 때 그들이 이방인 틈에서 유대인의 방식대로 살았는가? 아니면, 가능한 한 자기들이 사역하는 대상에 맞추어 그들과 비슷하게 살았는가? 바울은 고린도전서 9장에서 직접 이 질문에 대답한다. '내가 모든 사람에게서 자유로우나 스스로 모든 사람에게 종이 된 것은 더 많은 사람을 얻고자 함이라. 내가 여러 사람에게 여러 모습이 된 것은 아무쪼록 몇 사람이라도 구원하고자 함이니 내가 복음을 위하여 모든 것을 행함은 복음에 참여하고자 함이라.'

이렇게 대단한 선언을 한 후 성령께서는 사도를 통해서 우리에게 '그러니 얻기 위하여 달음질하라'고 권고한다. 참으로 주목할 만한 권면이다. 수년 간 수고하면서도 성공하지 못하던 사역자들이 이 비결을 알았더라면 실망스럽지 않은 결과를 가질 수 있었을 것이라고 믿는다.

memo
_____
_____
_____
_____
_____
_____
_____
_____
_____
_____
_____

누가 실패자였는가?

WHO WERE THE LOSERS?

곡식을 내놓지 아니하는 자는 백성에게 저주를 받을 것이나

파는 자는 그의 머리에 복이 임하리라.

(잠언 11:26)

He that withholdeth corn, the people shall curse him;

but blessing shall be upon the head of him that selleth it.

(Proverbs 11:26)

역사는 반복된다. 2천 년 전, 곧 구세주가 오실 것 같았다. 그런 생각이 널리 퍼져 있었고, 그래서 사람들은 이스라엘의 구속을 간절히 기다렸다. 과연 그분이 오셨다. 와서 살다가 죽었다. 그분은 다시 살아나셔서 아버지가 약속하신 대로 자기 대신으로 남겨 둔 대표들에게 성령을 부어주셨다.

그 결과는 신기했다. 제자들이 예수님의 마음을 생각하기 시작했고 예수님이 하라고 하신대로 행동하였다. 형제들을 사랑하고 자기 소유를 팔아 구제하였다. 교회 안에 무엇이 부

족한 사람이 없었다. 세상 사람들은 그러한 행동을 광신적이고 어리석은 행위라고 조롱했을 것이다. 그리고 자신들이 가진 것에 자만하면서 쓰고 남은 것은 자기 아이에게 남겨주려고 작정했을 것이다. 그런데 그들이 그렇게 하였는가?

몇 년이 흘러갔다. 주님께서 예언하신 대로 환난의 날이 닥쳐왔다. 예루살렘은 적군에게 포위되었다. 소유를 팔아 그 수익을 예수님께 드릴 기회는 지나갔다. 신실한 성도들은 대부분 멀리 가서 복음을 전하고 있었다. 예루살렘에서 피해 나간 사람 중에는 주님을 섬기는 일에 자기 소유를 전부 사용했기 때문에 아무 것도 남겨 둘 것이 없던 사람도 있었을 것이고, 또 비록 달아나라는 경고를 듣고 따르기는 했지만 아마도 더 신중하여 어려운 날을 대비해서 얼마간은 남겨둔 사람도 있었을 것이다. 누가 실패한 사람이었는가?

또 교인 중에는 아마도 산으로 달아나지 않고 그냥 예루살렘에서 지니고 있던 재산을 가지고 살던 사람도 있었을 것이다. 내가 다시 묻는다. 누가 실패자였는가?

역사는 반복된다. 주님의 강림이 가깝다. 그날에 누가 실패자일까? 주님은 자신과 함께 가지셨던 모든 것을 제단에 내놓으셨다. 누가 그분을 따르려는가? 자기를 비워 자기 생명을 많은 사람의 대속물로 주신 주님을 따르는 사람이 실패자이겠는가?

하나님의 소유와 영토 1

DIVINE POSSESSION AND GOVERNMENT 1

이스라엘이 애굽에서 나오며

야곱의 집안이 언어가 다른 민족에게서 나올 때에

유다는 여호와의 성소가 되고

이스라엘은 그의 영토가 되었도다.

(시편 114:1,2)

When Israel went forth out of Egypt,

the house of Jacob from a people of strange language; Judah became His

sanctuary, Israel His dominion.

(Psalm 114:1,2)

이스라엘이 애굽에서 나왔을 때! 그런데 그 사람들이 왜 그곳에 들어갔는가? 대답하기 쉬운 질문이리라. 기근 때문에 어쩔 수 없이 들어갔다. 그러면 기근은 왜 왔는가? 우리는 이 일에 대해서 더 깊이 살펴봐야 한다. 이스라엘은 약속의 땅에서 실패했다. 그 땅에서 살았던 삶의 결론으로 '험악한 세월을 보냈나이다.'라고 했다. 가엾은 야곱! 그런데 역사 속에서 그러한 야곱의 후손들이 적지 않았다. 약속의 땅에서 노예의 땅으로 가는 사람들이 적지 않았다. 그런데 야곱은 가나안이 아닌 바로 그 애굽 땅에서 '내 조부 아브라함과 아버지 이삭이 섬기던 하나님, 나의 출생으로부터 지금까지 나를 기르신 하나님, 나를 모든 환난에서 건지신 여호와의 천사'라고 부르며 그 땅을 축복한다.

처음 애굽에 갔을 때는 좋았다. 그러나 결국에는 노예가 되어 힘들게 살았다. 아무런 소망도 없어 보였다. 안에서는 구원할 힘이 없었고 밖에서도 불쌍하게 여겨주거나 대속해 줄 사람이 없었다. 이스라엘과 같은 백성이 애굽으로 내려가 떨어져 살지 않았다면 아마 그들은 가나안 족속과 섞여서 위대하신 하나님의 다스리심 안에서 사는 특권을 잃었을 것이다.

때가 찰 때까지는 그곳에 있었지만 그들을 데리고 나오는 일도 마찬가지로 꼭 필요한 일이었다. '이스라엘이 애굽에 있던 동안'이 아니라 '이스라엘이 애굽에서 나왔을 때' 유다는 여호와의 성소가 되고 이스라엘은 그의 영토가 되었다. 애굽에서 나오는 일이 꼭 필요한 일이었던 것이다.

애굽은 무능해서 그 힘으로 저항할 수가 없었다. 그러자 내켜하지 않던 백성들은 그분의 능력을 보고 자발적인 마음을 갖게 되었고, 여호수아의 지도 아래 모세의 손으로 시작했던 일을 완전히 성취할 수 있었다. 그렇게 하여 하나님이 선택

하신 백성은 약속의 땅에 들어갔다. '유다는 여호와의 성소가
되고 이스라엘은 그분의 영토가 되었다.'

memo

하나님의 소유와 영토 2

DIVINE POSSESSION AND GOVERNMENT2

유다는 여호와의 성소가 되고
이스라엘은 그의 영토가 되었도다.

(시편 114:2)

Judah became His sanctuary, Israel His dominion.

(Psalm 114:2)

어떻게 이런 영광스러운 일이 일어나게 되었는가? 그것은
지도자 모세나, 제사장 아론, 심지어 충성스러운 종이면서 승
리하던 장군이었던 여호수아의 문제가 아니었다. 이 시편에
는 그 이름들이 언급조차 되지 않는다. 이스라엘의 순종 문제
도 아니었고, 택한 나라에 대해서 은혜를 베푸시는 위대하신
하나님과의 관계를 깨닫고 못 깨닫고의 문제도 아니었다. 그
냥 하나님께서 유다를 당신 소유로 삼으시고 그들 가운데 오
셔서 친히 그들을 거룩하게 하셨기 때문이었다. 바로 그 사실

이 영광스럽고 대단한 것이었다. 이런 영광스러운 말씀이 사실이 되었던 것은 원하든 원하지 않든 이스라엘을 소유하고 당신의 영토라고 주장한 분이 바로 하나님이시기 때문이었다. 하나님은 대부분 그 백성의 어떠함과 상관없이 그들에게 유익하도록 다스리시는 분이셨다.

유다 지파는 영광스러우신 하나님께서 겸손히 그들 가운데 거하시고, 때가 되었을 때 그들의 몸을 왕궁으로 삼아 성육신하셨던 그분의 위대하심을 이해하지 못했다. 그분께서 그들에게 나타나주셨던 것이 얼마나 영광스러운 은혜였는지 깨닫지 못했다. 성령의 전으로 거룩하신 분이 거하시는 존엄과 신성함에까지 실제로 이르지 못했다. 그러나 그들이 이해하지 못해도 사실은 사실이다. 믿지 못하여 지체되고 방해가 되기는 하여도 하나님의 언약은 반드시 그 성취가 보장이 되어 있는 것이다.

유다 지파만 선택된 것이 아니다. 하나님은 나라 전체를 지배하셨다. 하나님께서는 이스라엘의 하나님이 되시고 이스라엘은 국가 전체가 그분의 땅이 되었다. 하나님 편에서 그렇게 하셨다. 이스라엘이 그분의 땅이 되었다는 사실 때문에 가나안이 이스라엘의 영토로 확보가 된 것이었다.

그런데 그 백성은 얼마나 큰 행복을 놓쳤는가? 철과 놋을 산더미처럼 가질 수 있었고 젖과 꿀이 흐르는 골짜기도 전부

차지하여 즐거워할 수 있었다. 대신에 그들은 지친 상태로 황량한 광야를 소망 없이 방황하다가 한 사람 한 사람 결국 그곳에서 죽어갔다. 그들이 당했던 운명에서 우리는 엄숙한 교훈을 받아야 한다. 그분은 구원하기를 원하신다.

memo

하나님의 소유와 영토 3
DIVINE POSSESSION AND GOVERNMENT 3

바다가 보고 도망하며 요단은 물러갔으니

산들은 숫양들 같이 뛰놀며

작은 산들은 어린 양들 같이 뛰었도다.

(시편 114:3,4)

The sea saw it, and fled: Jordan was driven back.

The mountains skipped like rams,

and the little hills like lambs.

(Psalm 114:3,4)

이제껏 살펴본 대로 유다는 자기들 가운데 하나님이 계신 것을 몰랐다. 그렇게 이스라엘은 믿음이 없었고 완고했다. 매우 슬픈 일이었다. 그렇지만 그렇다고 해서 이스라엘에게 왕이 있다는 사실, 그저 왕이 아니라 매우 위대하신 왕이 있다는 사실이 취소가 되는 것은 아니었다. 인간만이 자기를 창조하신 분을 거역하니 참으로 이상한 일이다. 그분의 임재가 우리의 이해에 달려 있지 않고, 그분의 구원하시는 능력이 반드시 우리의 모자란 믿음 때문에 제한받지 않는다는 사실이 얼마나 복된지 모른다. '바다가 보고 도망하며 요단은 물러갔다.'

백성의 죄와 실패에도 불구하고 하나님의 은혜는 여전하시다. 그런데 만일 백성들이 적극적으로 믿음을 행사하며 살았다면 어떤 축복을 받았겠는가? 구주되신 하나님이 그 안에 거하고 다스리시도록 하기 위하여 그분께 자신의 모든 것을 드리는 사람은 참으로 복된 사람들이다.

하나님의 임재와 다스리심이 없다면 우리는 얼마나 무력하며 소망 없는 사람이 되겠는가! 그렇지만 내 안에 사는 이가 더 이상 내가 아니라 그리스도가 되실 때 이 모든 것이 얼마나 달라지는가! 그렇게 되면 우리는 더 이상 이 사망의 몸에서 나를 구해 달라고 부르짖지 않는다. 대신에 우리는 이제 비록 육체 가운데 살지만 우리를 사랑하시고 우리를 위하여 자기 자신을 주신 하나님의 아들을 믿는 믿음 안에서 산다.

우리는 새 생명도 갈등 없는 생명은 아님을 발견한다. 세상은 아직 세상이고 육체는 아직 육체로 남아 있으며 악마도 아직 악마인 채 존재한다. 애굽에서 피해 나왔지만 애굽은 우리를 추격해 온다. 그러나 세상적인 생각으로는 홍해가 이겨내기 어려운 장벽이겠지만 그리스도께서 함께 거하시면 '바다는 보고 도망한다.' 그러면 우리는 우리의 주인과 왕 되신

분의 임재 앞에는 아무런 장애물이 없는 것을 알게 된다. 거만한 바다의 파도도 강둑에 넘쳐나는 요단의 강물도 그분의 임재를 인정하게 된다. 지상에 계실 때 '잠잠하라, 고요하라!' 고 풍랑 이는 파도에 명령하여 갈릴리 어부들의 두려움을 잠재우셨던 분이 누구신지를 알게 되는 것이다. 환난의 산들은 숫양처럼 달아나고, 수많은 작은 산은 그분의 임재 안에서 어린 양처럼 아무런 해害가 되지 않는다.

memo

하나님의 소유와 영토 4

DIVINE POSSESSION AND GOVERNMENT 4

바다가 보고 도망하며 요단은 물러갔으니

산들은 숫양들 같이 뛰놀며

작은 산들은 어린 양들 같이 뛰었도다.

(시편 114:3,4)

The sea saw it, and fled: Jordan was driven back. The mountains skipped

like rams, and the little hills like lambs.

(Psalm 114:3,4)

하나님께서 우리 안에 거하신다고 확신하면서 이런저런 시험을 만나도 그것을 전부 기쁨으로 여길 때, 우리는 비로소 그 모든 것이 합하여 우리에게 선이 되는 것을 깨닫지 않는가? 그러므로 우리는 전쟁을 앞에 두고 노래를 시작한다. 확실히 얻게 될 전리품을 기대하며 찬양을 하는 것이다. 총명한 성도라면 갈등 앞에서 약해지지 않는다. 왜냐하면 그것이 없다면, 승리의 영예가 어디에 있겠는가?

모세오경과 여호수아서에는 이스라엘이 출애굽하여 약속

의 땅으로 들어가던 역사가 상세히 기술되어 있는데, 하나님께서는 그 때 주로 사용하셨던 방법을 우리 앞에도 자주 놓으신다. 그러나 이 시편에는 그러한 것들이 끼어들 자리가 없다. 우리는 곧장 하나님의 임재 안으로 들어간다. 인간의 중개仲介는 사라진다. 그뿐이 아니다. 광야에 대한 언급도 찾아볼 수가 없다. 광야는 그 속에 파묻혔던 믿음 없던 세대와 함께 사라진다. 왜 그런가? 믿음의 삶에는 광야가 없기 때문이다. 이편의 경계인 바다는 우리 주님을 보고 도망하고, 저편의 경계인 요단도 그분의 임재에 물러간다. 광야는 안식에 들어가지 못하는 불신자에게나 있는 것이다.

우리가 잘 부르는 찬송가 중에 요단을 죽음에, 가나안을 천국에 비유하고 있는 것은 오해의 소지가 많은 가사이다. 아니, 우리가 천국에 다다른 이후에 우리가 걷는 모든 길에서 그곳 주민을 죽이면서 싸워야 한단 말인가? 그러고 나서 예비된 집에 들어갈 수 있다는 말인가? 절대로 아니다! 가나안의 안식은 현재 누리라고 있는 것이다. 승리한 여호수아의 지휘 아래에서 모든 싸움은 이기도록 되어 있다. 모든 적은 쫓겨나고 진압되도록 되어 있다. 그렇게 '되어 있다'는 말에 주목하기 바란다. 왜냐하면 아간이 하나님의 것을 도적질 하면 패배가 뒤따르는 것이고, 만일 가나안을 진압하지 않고 그들과 휴전하여 싸움을 중지한다면 오히려 우리가 쫓겨나는 결과를 맞게 되기 때문이다.

　매우 실제적인 질문을 스스로에게 해보자. 우리는 어디에 있는가? 노예의 상태인가, 광야인가, 아니면 안식의 땅인가? 그리고 만일 그 땅에 있다면 하나님의 적과 어떤 형태라도 타협을 하여 승리가 지연되거나 방해되는 일은 하고 있지 않은가?

memo

하나님의 소유와 영토 5

DIVINE POSSESSION AND GOVERNMENT5

바다야 네가 도망함은 어찌함이며

요단아 네가 물러감은 어찌함인가.

너희 산들아 숫양들 같이 뛰놀며

작은 산들아 어린 양들 같이 뛰놂은 어찌함인가.

땅이여, 너는 주 앞 곧 야곱의 하나님 앞에서 떨지어다.

(시편 114:5~7)

What ailed thee, O thou sea, that thou fleddest?

thou Jordan, that thou wast driven back?

Ye mountains, that ye skipped like rams; and ye little hills, like lambs?

Tremble, thou earth, at the presence of the Lord,

at the presence of the God of Jacob;

(Psalm 114:5~7)

이제 아름다운 땅에 들어왔다. 산이나 작은 산이 정말로
아무 장애가 되지 않았다. 주님의 임재에 인간 중재자는 보
이지 않았다. 이제 광야는 남아 있지 않았다. 심지어 친히 선
물로 주신 세상의 축복도 종종 제거하는 것이 더 낫다고 여

기시기도 한다.

그분은 약속하셨다. – 위협이 아닌 약속이었다. '내가 다시 한 번 흔들 것이다. 땅 뿐 아니라 하늘도 흔들 것이다. 다시 한 번 흔든다는 것은 창조된 것 중에 흔들리는 것은 전부 제거한다는 의미이다. 오직 흔들리지 않는 것만 남을 것이다.'

아마도 우리는 자신이 가졌던 것이 얼마나 감사한 일이었는가에 대해서, 사랑하는 아버지께서 우리가 의지하고 있던 그것을 거두어 가실 때에야 깨닫는다. 만세 반석이신 그분 안에서만 안식하는 대신 흔들리는 것에 지나치게 빠져 있을 때, 흔들릴 수 없는 영원한 나라에서 다른 곳으로 눈을 돌리게 하는 그것을 제거하셨다. 어쩌면 우리는 갖고 있는 노에 지나치게 만족하고 있었고 조류에 휩쓸려가지 못하도록 막아주는 정박장을 너무 믿고 있었다. 하나님께서 그 모든 것을 보신 것이었다. 그렇지만 흐름을 거슬러 올라가려고 주위의 사나운 물결과 힘들게 싸우면서도 앞으로 나가지 못했던 것은 장래의 승리를 위해 필요한 훈련이었다. 바다가 도망하고 요단이 물러가는 날이 올 뿐 아니라 하늘과 땅이 이제 우리가 알게 된 우리의 주 야곱의 하나님의 임재 앞에서 사라질 날이 오고 있다.

우리는 바로 이 전능하신 분을 모셔야 한다. 산이나 작은 산, 강이나 바다가 문제가 아니다. 상황이나 주변 환경이 어떻든지 간에 만족할 수 있지 않은가? 우리 주께서 '내가 결코 너를 떠나지 않고 버리지 않으리라'고 하셨으니 우리는 용기를 내어 고백하지 않겠는가? '주님이 나의 도움이시니 내가 누구를 두려워하랴? 인생이 나에게 어떻게 할 수 있으랴?'

memo

하나님의 소유와 영토 6

DIVINE POSSESSION AND GOVERNMENT 6

땅이여, 너는 주 앞 곧 야곱의 하나님 앞에서 떨지어다.

그가 반석을 쳐서 못물이 되게 하시며

차돌로 샘물이 되게 하셨도다.

(시편 114:7,8)

Tremble, thou earth, at the presence of the Lord,

at the presence of the God of Jacob;

Which turned the rock into a pool of water,

the flint into a fountain of waters.

(Psalm 114:7,8)

이 시편에 광야에 대한 언급이 없는 것은 충성스러운 당신의 자녀들을 격려하기 위함이다. 그러면서도 연약하고 낙담하는 자들을 위해서 특히 마지막 구절에서 광야를 밝게 에둘러 암시한다. 왜냐하면 반석에서 못물이 나고 차돌이 샘물이 된 것은 광야에서의 일이었기 때문이다.

또한 이 시편에서 하나님께 붙여진 명칭이 그저 주님과 야곱의 하나님이라는 것이 애정 어린 배려 같지 않은가? 아마도 하나님께서는 우리가 아브라함 같은 믿음이나 심지어 갈렙이나 여호수아 정도의 믿음을 갖고 있지 않은 것을 의식하셨는지 모르겠다. 그래서 여호와가 아닌 주님으로, 비틀거리고 실패하던 가엾은 야곱의 하나님으로 우리에게 다가오시는 것이다.

그리고 우리 중 누군가 약속의 땅에 있다고 감히 주장하지 못하고 아직도 황량한 광야에서 신음하고 있는 것을 두려워할 때, 야곱이 어디를 가든지 그 방황의 여정에 함께 해 주시겠다고 약속해 주신 하나님을 생각하고 다시 힘을 얻게 되지 않는가? 그때 하나님은 은혜로운 말씀을 해 주셨다. '볼지어다. 내가 너와 함께 하고 있고 네가 어디를 가든지 너를 지킬 것이며 다시 이 땅에 오게 할 것이다. 내가 네게 한 말을 다 이루기까지 너를 떠나지 않을 것이다.'

이 시편의 말씀은 주의 길을 예비하라고 보내심을 받았던 세례 요한을 격려하시던 말씀과 아주 다르지 않다. '모든 골짜기가 메워지고 모든 산과 작은 산이 낮아질 것이다.' 우리에게 맡기신 일을 감당할 때 건너야 할 강과 바다가 있고 제거하고 넘어가야 할 산과 작은 산이 있다. 우리 자신의 힘만으로는 맡겨진 임무를 이룰 소망이 없고 애를 쓰며 하는 노력도 아무 쓸모가 없이 생각된다. 그러나 우리 각자가 자신을 살아계신 하나님의 성전이고 전능하신 분께서 당신의 소유와 영토로서 사용하시는 도구임을 깨닫는다면 낙담할 여지가 없다. 그분 앞에서는 딱딱하고 메마른 '반석이 못물이 되고 차돌이 샘물이 될 것'이기 때문이다.

memo

가난한 자 보살피기

CONSIDERING THE POOR

가난한 자를 보살피는 자에게 복이 있음이여.

재앙의 날에 여호와께서 그를 건지시리로다.

시편 41:1

Blessed is he that considereth the poor;

The Lord will deliver him in the day of evil.

Psalm 41:1

이 사람의 성품은 그리스도를 매우 닮았기 때문에 하나님께서 그에게 호의를 가지신다. 그 사람은 주님의 모습을 유리를 통해서 보는 것처럼 유리처럼 그분의 성품을 그대로 밖으로 내보인다. 하나님의 마음은 그 사람에게 향하시고 모든 좋은 것으로 필요한 것을 채워 주신다. 어려움을 당하는 자를 힘이 닿는 데까지 돕던 자가 어려움 가운데 있는가? 하나님께서 그에게 덜 하시겠는가? 아니다! '주께서 환난 날에 그를 구원해 주실 것이다. 주님은 그를 지켜주고 살려 주며 복

을 주실 것이다.'

그런데 그렇게 복된 사람이 누구인가? 그저 값싼 구제를 하여 그저 자신의 눈이 당장에 고통스러운 장면을 보지 않으려는 사람이 아니다. 자선한다고 끈질기게 졸라대는 사람을 조금 도우며 스스로 위안을 받는 사람이 아니다. 희생 없는 선물로 자기 양심을 무마하고는 가난하고 도움이 필요한 사람을 깨끗이 잊어버리면서도 자선가에게 약속된 축복을 은근히 바라는 그런 사람도 아니다. 선물을 주면서 자기 이름을 내려고 하는 사람은 이러한 경우에서 제외한다.

이 축복이 해당되는 사람들은 불쌍하고 가난한 사람을 생각하고 관심을 기울이며 자기가 할 수 있는 일을 하되 자기희생이라는 대가를 치르면서 인간의 재앙의 무게를 경감해 주는 경우이다. 그런 사람이 정말로 복된 사람들이고 또 복을 받을 사람들이다. 축복은 빼앗길 수 없는 그들의 몫인 것이다.

이 명백한 성질의 것을 영적인 화제로 돌리지 말자. 그것은 우리 개신교도들이 자주 범하는 잘못으로 매우 위험한 것이다. 우리 주님은 가난하고 불쌍한 병든 자들에게 이 세상의 축복을 나누어주기 위하여 소중한 시간을 얼마나 많이 쓰시고 힘을 기울이셨는가? 그렇게 바른 동기에서 행한 사역이야말로 그냥 없어질 수 없는 것이다. 그러한 사역이야말로 하나님을 닮고 그리스도를 닮은 것이기 때문이다.

우리는 이 글을 한 중국 마을에 정박하고 있는 중국 배 안에서 쓰고 있다. 마음이 벅차오른다. 내가 무슨 말을 하겠는가? 여러분께 간청한다. 이 가난한 사람들을 생각해 주기 바란다. 주께서 여러분에게 이 일에 대하여 이해할 수 있도록 해 주시기를 빈다.

memo

능력의 원천

THE SOURCE OF POWER

하나님이 한 두 번 하신 말씀을 내가 들었나니
권능은 하나님께 속하였다 하셨도다.

(시편 62:11)

God hath spoken once; twice have I heard this,

that power belongeth unto God.

(Psalm 62:11)

하나님 자신이 대단한 능력의 근원이시다. 능력은 그분이
소유하고 계신 것이다. '능력은 하나님께 속한 것'인데, 하나
님은 뜻하신 바를 따라 그 능력을 주권적으로 행사하신다. 그
렇다고 해도 변덕스럽거나 독단적인 방식을 사용하는 것이
아니라 이미 밝혀 두었던 목적과 약속을 이루기 위해 능력
을 행하신다.

정말 우리의 대적과 방해하는 세력은 많기도 하고 힘도 세
다. 그러나 우리 하나님, 살아계신 그분은 전능하시다. 하나

님은 선지자 다니엘을 통하여 '자기 하나님을 아는 백성은 강하여 용맹을 떨치리라.-큰 공훈을 세울 것이다.-'(단11:32)고 말씀하셨다.

보통 지식이 힘이라고 하는데 맞는 말이다. 하나님을 아는 지식의 경우에도 완전히 들어맞는 말이다. 자기 하나님을 아는 사람들은 공을 세우려고 시도만 하는 것이 아니라, 실제로 공을 세운다. 성경에서 하는 명령은 무엇인가를 시도하라는 것이 아니다. 하나님의 명령은 언제나 '이것을 하라!'이다. 만일 그 명령이 하나님께서 하신 것이라면, 그 다음으로 우리가 해야 할 일은 순종뿐인 것이다.

더구나 하나님의 능력은 우리가 쓸 수 있도록 주어진 것이다. 우리는 초자연적인 사람들이다. 초자연적으로 태어났고, 초자연적인 능력으로 보호를 받으며, 초자연적인 음식으로 기운을 차리고, 초자연적인 책을 초자연적인 스승으로부터 배우고 있는 사람들이다. 초자연적인 대장께서 확실한 승리의 길로 우리를 인도하신다. 부활하신 구주께서 하늘로 올라가시기 전에 이렇게 말씀하셨다. '하늘과 땅의 모든 권세를 내게 주셨으니, 너희는 가라!' (마28:18-19)

그분은 또 제자들에게 '성령이 너희에게 임하시면 너희가 권능을 받을 것이다.'고 말씀해 주셨다. 이 일이 있은 지 며칠이 안 되어 함께 모여 기도했을 때, 성령이 오셔서 그들은 모두 충만해졌다. 하나님을 찬양하라! 성령은 아직도 우리와 함께 계신다. 그때 받았던 능력은 성령이 주신 선물이 아니었다. 그분 자신이 능력이셨다. 오순절 날 강한 능력으로 임하셨던 성령은 오늘날에도 마찬가지로 실제로 역사하신다.

그런데 오순절 전에 온 교회는 그러한 능력이 나타나기를 기도하면서, 다른 모든 일은 제쳐두고 하나님만을 기다리지 않았는가? 우리는 능력의 근원이신 그분께 보다 방법, 조직, 자원과 같은 일에 지나치게 관심을 기울여 왔다.

memo

당신은 무엇을 소원하는가?

WHAT WILT THOU?

이에 예수께서 대답하여 이르시되

여자여 네 믿음이 크도다 네 소원대로 되리라.

(마15:28)

Then Jesus answered and said unto her,

O women, great is thy faith;

be it unto thee even as thou wilt.

(Mat. 15:28)

여리고의 성벽은 믿음으로 무너졌다. 그런데 그 이상 정말 같지 않은 일이 또 있을까!

우리는 믿음으로 산다. 정말로 그러한가? 그 믿음으로 우리가 취한 것들의 기록이 하늘에 있는가? 우리는 하나님의 자녀로서 정말로 성경 말씀을 믿고 있는가?

우리의 주인께서는 '나는 사람이 아니요 벌레라.'고 하셨는데, 그분처럼 벌레의 자리에까지 내려갈 준비가 되어 있는가?

아니면 만일 우리가 무능하고 아무 것도 아닌 존재임을 알고는 있지만, 산을 옮기는 것이 우리를 향한 하나님의 뜻이기 때문에 그것이 가능하다고 믿고 있는가?

'두려워 말라.'고 주님은 옛 선지자를 통하여 말씀하셨다. '두려워 말라, 너 지렁이 같은 야곱아! 내가 너를 이가 날카로운 새 타작기로 삼으리니 네가 산들을 쳐서 부스러기를 만들 것이며 작은 산들을 겨 같이 만들 것이라. 네가 그들을 까부른즉 바람이 그들을 날리겠고 회오리바람이 그들을 흩어버릴 것이로되 너는 여호와로 말미암아 즐거워하겠고 이스라엘의 거룩한 이로 말미암아 자랑하리라.'

그러면 우리가 산을 옮기려면 어떻게 해야 하는가? 우리 주인께서 하신 말씀을 들어보자. '하나님을 믿으라. 내가 진실로 너희에게 말하노니 너희가 이 산더러 옮기어 바다에 빠지라고 명령하고 그것을 마음에 의심하지 않고 믿으면 그대로 되리라.' 언제 그렇게 되는가? 주님은 계속해서 말씀하신다. '너희가 기도하고 구한 것을 받은 줄로 믿으면 그대로 될 것이다.' '그러므로 아무 것도 염려하지 말고 모든 일에 기도와 간구로서 너희 구할 것을 감사함으로 하나님께 아뢰라.'

이제 멈추고 스스로에게 질문해 보자. 우리가 소원하고 있는 것이 무엇인가? 그러면 그 약속대로 즉시 이루어달라고 요구하자. 우리가 사랑하는 사람이 구원받지 못했는가? 이겨

내야 하는 어려움이 있는가? 옮겨야 할 산이 있는가? 그렇다면 그것들을 가지고 기도로 주님께 가자.

memo

가지 치는 하나님의 칼

GOD'S PRUNING KNIFE

사람이 내 안에 거하지 아니하면

가지처럼 밖에 버려져 마르나니

사람들이 그것을 모아다가 불에 던져 사르느니라.

요한복음 15:6

If a man abide not in Me,

he is cast forth as a branch, and is withered;

and men gather them, and cast them into the fire,

and they are burned.

John 15:6

다른 곳에서 언급한 적이 있지만 여기에서 우리 주님이 가르치는 것은 영혼을 잃는 것에 대한 언급이 아니라 생명력을 잃어서 열매를 맺는 기회를 갖지 못하는 것에 대한 것이다. 주께서는 이 구절에서 하나님 아버지께서만 열매 맺지 않는 가지를 버려두어 마르게 하는 것이 아니라 사람들도 그것들을 모아다가 불에 사른다고 지적하신다. 우리가 자주 보듯이 이것은 얼마나 무서운 사실인가! 오, 죄에는 얼마나 심하게 말라죽게 하는 힘이 있는가? 죽음의 침상에서 회개하고 구원 받는 사람들은 참으로 불에서 구원 받는 것 같이 그 삶이 메마르고 황폐한 것이다. 세상은 무정한 주인이다. 그리고 죄도 비록 용서는 받지만 결코 죄를 범하지 않은 것과는 달리 그 결과가 남는다. 다윗도 죄는 용서 받았지만 용서를 전했던 선지자는 다윗의 가문에서 칼이 떠나지 않을 것이라는 말도 함께 전해야 했다. 모든 죄는 심어 놓은 씨앗과 같아서 결과가 있다. 그리고 구주께서 가르쳐 주신 바에 따르면 아무리 은밀한 죄라도 반드시 빛으로 드러날 때가 온다.

오늘 날 이 진리를 강조해야할 필요가 있다. 하나님의 자녀에게도 강조해서 가르쳐야 한다. 죄가 얼마나 흉악하고 그 결과가 얼마나 무서운지를 잘 깨닫지도 못하고 제대로 가르치지도 않는다. 은혜로우신 하나님께서 용서하신 죄를 다시 기억하지도 않으신다고 약속하셨지만, '하나님은 선악 간에 행한 모든 은밀한 일을 심판하신다.'고 하신 말씀은 많은 사람들이 잊고 있다. 그 말씀은 사람이 범한 죄에는 없어지지 않는 세력이 있다는 뜻이다. 주님께서 친히 하신 말씀이 있다. '숨겨진 것이 밝혀지지 않는 것이 없고 감추어진 것이 나타나지 않을 것이 없다.' 그리고 바울도 '우리는 모두 그리스도의 심판대 앞에 설 것이다.'라고 했다.

그것만이 아니다; 이 세상에서 살 때에도 어느 정도 심은 대로 거둔다. 사람의 손으로부터 오는 것이라고 해도 그것이 당신의 자녀를 징벌하는 하나님의 검일 때가 많다.

memo

하나님께 구별하여 드림

SEPARATION UNTO GOD

나실인의 서원은 자기 몸을 구별하여

여호와께 드리는 것이다.

(민수기 6:2,4)

The vow of a Nazarite, to separate himself unto Jehovah.

(Numbers 6:2,4)

이때 조금 계시되었던 말씀이 신약에서는 더욱 온전한 형태로 계시된다. 구약에서는 부분적이고 일시적으로 허락되었던 축복들이 이 은혜의 시대에서는 영원하고도 온전한 축복으로 우리에게 주어진다. 예를 들어 이스라엘은 나실인의 서원을 할 때 일정한 기간 동안만 자기 몸을 하나님께 구별하여 드렸다. 그러나 항상 하나님께 구별되어 드려진 존재로 자신을 알고 있는 것은 그리스도인의 특권이다.

이스라엘은 제사장 나라가 될 수 있었다. 그러나 전 국가적으로 죄를 범해서 이 특권을 박탈당했다. 그러나 하나님께서는 당신께 가까이 가기를 원하는 개인에게 그렇게 될 수 있는 길을 열어 주셨다. 한 가지 중요하게 언급할 점은 비록 나실인의 맹세가 한시적인 헌신일 뿐이었다고 해도, 그 동안에는 하나님의 뜻을 절대적으로 수용해야 했다. 오늘날에도 하나님께서는 당신의 백성들에게 충만한 축복을 주고 싶어 하시지만, 그것은 그분과 노선이 같아야 받을 수 있는 것이다. 하나님께 헌신하는 것은 자발적인 일이기 때문에 받는 정도도 그리스도인마다 다른 것이다. 구원은 거저 받는 선물이지만 '그리스도를 얻는 일'은 전폭적으로 확실하게 순종할 때라야 비로소 가능한 것이다.

하나님께서 동산에 금단의 나무를 가지고 아담의 순종을 시험하셨다. 마찬가지로 나실인도 순종에 대한 시험을 겪는다. 그 자체로 해로운 것이 아니지만, 아무 것도 아닌 것 같은 사건에서 하나님의 뜻을 행하는지 행하지 않는지를 보는 것이다. 가장 귀한 사역이기 때문에 가장 큰 희생이 요구되는 것인데 거기에는 최고의 축복이 보장되어 있다.

그런데 하나님께서는 당신 종의 외모를 당신 마음대로 하겠다고 주장하셨다. 즉 나실인으로 있을 동안에는 절대로 삭도를 머리에 대지 말라고 명령하신 것이다. 외모가 이상하면 마음이 많이 움츠러든다. 그런데 하나님께서는 당신의 백성

이 확실히 이상하게 보이도록 하실 때가 자주 있다. 그분께
우리의 존재와 우리가 가진 모든 것을 기쁘게 드리지 않겠는
가? 우리 몸의 모든 지체와 모든 기질, 정신적 능력, 의지 그
리고 우리의 사랑을 즐거이 그분께 드리지 않겠는가?

memo

각기 직임대로

ACCORDING TO HIS SERVICE

여호와께서 모세에게 말씀하여 이르시되,

그것을 그들에게서 받아 레위인에게 주어

각기 직임대로 회막 봉사에 쓰게 할지니라.

(민수기 7:4,5)

And the LORD spake unto Moses, saying,

Take it of them, that they may be to do the service

of the tabernacle of the congregation;

and thou shalt give them unto the Levites,

to every man according to his service.

(Numbers 7:4,5)

　　이스라엘의 지휘관들이 주께 헌물을 가져왔고 주님은 그것을 받으셨다. 받아서 그것을 레위인에게 주라고 하셨다. 레위인은 하나님의 특별한 소유로서 하나님을 위해 봉사하는 사람들이었기 때문이었다.

　　그런데 주께서는 그것을 레위족에게 균등하게 나누어 주

라고 하지 않으셨다. 수레가 6대이고 레위 지파는 3종족이었다. 므라리에게 4대, 게르손에게 2대를 주었지만 '고핫 자손에게는 한 대도 주지 않았다.' 얼핏 보면 매우 불공평한 것 같다. 그런데 '각기 직임대로' 주는 것이 그때나 지금이나 주님의 계획이셨다.

성막의 물건 중에서 가장 무거운 것을 지는 것이 므라리의 몫이었다. 널판과 그 띠와 기둥과 그 무거운 은 받침과 그 모든 기구와 그것에 쓰는 모든 것 등등이었는데 성막 안에 쓰인 받침대만 해도 은 5톤 이상의 무게가 되었다. 므라리가 져야 할 짐들은 그렇게 무거운 것이었다.게르손의 임무는 성막과 장막의 덮개와 휘장 문과 그 모든 것에 쓰는 줄들을 운반하는 일이었다. 므라리에게는 4대가 필요했지만 이 일을 위해서는 수레 2대로 충분했다. 그런데 고핫에게는 어찌된 일인가? 고핫이 져야할 짐도 가벼운 것이 아니었다. 증거궤와 상과 등잔대와 제단들과 성소에서 봉사하는 데 쓰는 기구들과 휘장과 그것에 쓰는 모든 것을 고핫 자손이 운반해야 했다. 정말로 무거운 것들이었지만 아무런 도움을 받을 수 없었다. '왜냐하면 그들에게 속한 성소의 직무는 어깨로 메는 것이었기 때문이었다.

하나님의 자녀들도 가끔씩 자기가 감당할 직무가 무거운데 아무런 도움을 받지 못할 때 불평하고 싶은 유혹을 받는다. 자기들이 맡은 몫을 더 도움을 많이 받는 다른 직무와 비교하기도 한다. 그러나 하나님은 실수하지 않으신다. 각기 직무를 따라서 도움을 나누어 주신다. 그리고 가장 성스러운 직임에 부르심을 받은 자들은 거의 아무런 도움도 받을 수 없다. 그들은 함께 나누어 질 수 없는 거룩한 짐을 자신의 어깨에 지는 특권을 받은 사람들이다.

memo

즐거이 자원해서 드리는 헌물 25일

GLAD, FREE-WILL OFFERINGS

첫째 날에 헌물을 드린 자는
유다 지파 암미나답의 아들 나손이라.
(민수기 7:12~17)

And he that offered his offering the first day was Nahshon
the son of Amminadab, of the tribe of Judah:
(Numbers 7:12~17)

본문은 12지파의 지휘관들이 헌물을 드리는 내용이다. 누가 보아도 매우 값진 것을, 사랑하기 때문에 드린 그 사람들이 이 영감 있는 기록에서 가장 두드러지게 드러난다. 드린 헌물을 하나하나 전부 열거하고 나면, 그 헌물을 누가 드렸는지를 다시 우리에게 상기시킨다. 하나님의 사랑과 만족을 이 이상 더 잘 표현할 수 있었을까?

이것을 염두에 두고 말씀의 행간을 읽어보자. 헌물을 드린 사람은 나손이었다. 즐겁게 자원하는 마음으로 드린 헌물이었다. 그 기록 뒤에 무엇을 드렸는지 그 헌물의 내역이 자세히 나온다. 모두 오직 하나님의 기쁨과 만족을 위해서 드린 것이다. 이 모든 내역을 12번이나 상세하게 기록했다. 이것은 하나님께서 당신 백성의 헌신에 대해 언급하시는 일을 결코 지겨워하지 않으신다는 증거가 아니겠는가? 그런데 그것이 전부가 아니다. 그 뒤에 제단에도 봉헌물을 드렸다. '이는 -이 모든 것은 - 제단의 봉헌물이었더라.'

이 막대한 가치의 헌물을 기쁜 마음으로 요약하면서 우리가 더 알 수 있는 것이 있다. 하나님께서는 헌물을 드리는 당신의 백성과 그들이 사랑으로 드리는 헌물을 매우 흐뭇해하실 뿐 아니라 누구에게 그 헌물을 드리는가 하는 대상도 특별히 주목하게 하신다. '이것은 제단의 봉헌물이었다.'

놋 제단이 얼마나 중요한지 이루 말할 수가 없다. 제단 없이는 인간이 죄인으로서 성막과 그 안에 포함된 모든 것에 가까이 갈 수 있는 길이 없었다. 피흘림이 없으면 죄사함이 없는 것이다. 그러니 우리는 여기에서 놀라우신 하나님의 사랑이 계시된 것을 본다. 우선 하나님께 가까이 오라는 초대를 누구나 받고 있다. 어느 종족의 남녀이든지 누구나 원하기만 하면 와도 된다. 단 하나님의 방식이어야 한다. 하나님께서 우리의 묵상이 매우 실제적이 되게 해 주시기를 빈다. 우리는 그렇게 살고 있는가? 우리 삶을 보고 우리 형제, 자매, 아이들, 친구들이 무슨 결론을 내리고 있는가? 그리스도를 위하여 우리가 얼마나 드리는가를 보면 우리가 얼마나 십자가를 실제로 가치 있게 여기고 있는가를 알 수 있다.

memo

농부이신 하나님 아버지의 방법

THE DIVINE HUSBANDMAN'S METHODS

무릇 내게 붙어 있어 열매를 맺지 아니하는 가지는

아버지께서 그것을 제거해 버리시고

무릇 열매를 맺는 가지는 더 열매를 맺게 하려 하여

그것을 깨끗하게 하시느니라.

(요한15:2)

Every branch in me that beareth not fruit he taketh away:

and every branch that beareth fruit, he purgeth it,

that it may bring forth more fruit.

(John 15:2)

참 포도나무를 재배하는 일은 도제의 미숙한 손에 맡기지 않는다. 능숙하신 아버지께서 친히 이 일을 맡으신다. 농부에게는 아랫사람이 없다. 그리스도인을 양떼라고 할 때 목자에게는 그 아래에서 일하는 소목자가 눈에 띠기도 한다. 그러나 모든 신자는 각자 가지로서 참 포도나무에 직접 붙어 있다. 그러면서 위대하신 농부의 돌보심 가운데 필요한 모든 것을 전부 받는다.

이는 매우 복된 일이다. 가지치기가 덜 되거나 지나치게 되는 일은 절대로 없다. 그분께서 모든 가지를 제각각 튼튼하게 만드시고 보존하신다. 그분은 가지 하나하나에 무엇이 필요한지를 아시고 그것을 공급해 주신다. 햇빛이나 그늘, 어두움 또는 빛, 좋은 날씨 아니면 소나기 등 그분이 보시기에 가장 좋은 것으로 베푸신다. 가지는 걱정이나 근심을 할 필요가 없이 그저 만족한 마음으로 거하면 된다.

우리는 이 말씀에서 그리스도 안에 있으면서도 열매를 맺지 못할 수 있다는 엄숙한 사실을 배운다. 이 말씀은 자기가 실제로 그리스도 안에 있지 않으면서 그저 고백만하는 신자에 대한 이야기가 아니다. 이 구절의 주제는 구원이 아니라 열매이다. 열매를 맺지 않아 밖에 버려지는 가지는 구원받지 못한 영혼이 아니다. 그것은 잃어버린 삶이다. 롯이 소돔에서 나올 때처럼 그렇게 불 가운데서 구원받는 사람이 있을 수 있다. 재산도 다 잃고 아내와 아이들도 잃었다. 구원은 받았지만 그 상실의 정도는 오직 영원만이 밝혀줄 것이다. 주님은 당신의 백성이 세상이나 세상 것을 사랑하지 못하도록 지켜주신다.

위대하신 농부께서는 열매 맺지 못하는 가지는 제거해 버리시지만 열매 맺는 가지는 열매를 더 많이 맺게 하기 위하여 깨끗하게 하신다. 농부이신 하나님의 방법이 반드시 혹독한 것은 아니다. 그분은 말씀으로 깨끗하게 하신다. 성령께서 온유한 음성으로 하나님의 말씀을 들려주실 때 잘 들으면 가혹하고 고통스러운 훈련은 필요하지 않을 수 있다. 하나님의 말씀이 우리 안에 더욱 풍성히 거하고 우리가 더욱 절대적으로 성령의 인도에 순종했다면 우리에게 요구되었던 금지나 강제 중 많은 부분이 거의 필요하지 않았을 것이다.

memo

그리스도 안에 거하기

ABIDING IN CHRIST

내 안에 거하라 나도 너희 안에 거하리라

가지가 포도나무에 붙어 있지 아니하면

스스로 열매를 맺을 수 없음 같이

너희도 내 안에 있지 아니하면 그러하리라.

(요한복음 15:4)

Abide in me, and I in you.

As the branch cannot bear fruit of itself,

except it abide in the vine;

no more can ye, except ye abide in me.

(John 15:4)

'거하라'는 말에 다른 복잡한 의미가 있는 것은 아니다. 본문에서 이 말은 '남아 있으라,' '계속하라'는 의미로 표현이 되고 있고, 또 다른 곳에서는 '거주하다'로 번역되기도 한다. 이 말이 주는 인상은 노동 보다는 안식에 있다. 노력하여 얻거나 고군분투하는 것이 아니라 활동하지 않고 조용히 즐기는 것이다. 이 단순한 사실을 깨닫지 못하여 성도들이 그리스도 안에 거하여 얻는 하나님의 안식을 즐기지 못하고 있다. 그 안식을 방해하는 거짓의 뿌리가 그러한 몰이해에 있는 것이다.

우리도 오랫동안 주 안에 거하기를 사모했지만, 그것이 매우 높이 있기 때문에 우리가 도달하지 못하는 것이라고 생각했다. 그 영적인 고지에 다다르는 데 필요한 힘이 우리에게 없다고 생각했고, 아니면 우리의 약한 힘으로는 계속 그곳에 있기에 합당하지 않다고 생각했다. 다시 말하지만 우리는 거하는 것을 감정과 혼동했다. 그리스도 안에 거하기 위해서는 우리 마음이 그분께 고정되어서 최소한 그분의 임재 의식을 유지하고 있어야 한다고 생각했다. 그러지 못하면 매우 당황하고 낙담이 되었다. 거하는 것이 불가능할 수가 없는데도 우리에게 가능하지 않은 것 같았다. 거하는 것을 양분을 섭취하는 것과 같은 의식적이고 자발적인 행위로 생각했기 때문이었다.

우리는 먹은 음식 덕분에 지속적으로 힘을 얻는다. 간격을 두고 먹지만 지속적으로 살아 있고 일할 수 있는 것이다. 거하기 위해서는 애를 써서 노력해야 하는 것으로 알고 있었지만, 전혀 그렇지 않다. 전혀 힘이 필요 없다. 가장 약한 사람도 거할 수 있다. 생후 한 달 된 아기를 요람에 두면 틀림없이 그대로 그곳에 누워 있을 것이다. 일 년이 지난다면 아마 그대로 있지 않을 것이다. 떨어져 위험할 것이다.

　다시 말하지만 거하는 것은 자각과는 아무 관계가 없는 사실이다. 밤에 잠이 들었다고 해서 집에 거하지 않게 되는가? 기차를 타고 가다가 잠이 들었다고 목적지를 향해 가는 걸음이 멈춰지는가? 이와 같이 그리스도 안에 거하는 것은 감정이나 자각의 문제가 아니다. 그것은 믿어서 알게 되는 상태이고 거함의 실제는 그 결과로 증명이 되는 것이다.

memo

- -

- -

- -

- -

- -

- -

- -

- -

- -

28일

그리스도 안에 거하는 방법

HOW TO ABIDE IN CHRIST

내 안에 거하라, 나도 너희 안에 거하리라.

요한복음 15:4

Abide in Me, and I in you.

John 15:4

이렇게 이중으로 표현한 것이 특이하며 중요하다. 주님은 우리가 서로 안에 거한다는 개념을 이해하기를 바라셨고 그 상태를 유지하라고 촉구하고 계시다. 이중적 형태는 마치 한 잔의 와인에 물이 섞인 것과 같은 연합과 일체화를 시사한다.

가지가 되는 방법은 배우는 것이 아니다. '너희는 가지이다.' 우리가 신자인 것은 고군분투해서가 아니라 믿어서 된 것이다. 가지가 나무에 붙어 있으면 여러 가지로 받는 축복이 있다. 어떻게 하면 실제적으로 그 안에 거하여 그 모든 축복을 받을 수 있는가? 우리가 먹는 음식이 어떻게 우리 몸에 영향을 주는가를 생각해 보자. 그것은 생명을 주는 것은 아니어도 어린이에게는 성장과 발육에, 어른에게는 건강과 원기를 유지해 주는데 필수불가결한 것이다. 몸 전체는 생명의 영향 아래 변형된 형태의 음식이다. 그러한 몸으로 살고 있으니 한편으로는 우리가 음식으로 살고 있다고 말할 수 있고 다른 한 편으로는 우리가 먹은 음식이 우리 안에 거하고 있다고 말할 수 있는 것이다. 이것은 서로 안에 거하는 것이 무엇인지를 보여주는 아름다운 예이다. 그와 같이 우리는 그리스도께서 먹여주시는 음식을 먹으며 그분 안에 거하고 그분은 우리 안에 거하신다. '내 살을 먹고 내 피를 마시는 자는 내 안에 거하고 나도 그 안에 거하느니라.'

'먹는다.'는 단어의 시제에 주목해 보자. 그것은 습관적인 현재이다. 먹는 것이 곧 거하는 것이라고 말하지 않는다. 자기가 먹을 수 있고 실제로 먹고 있는 사람이 거하고 있는 것이다. 많은 사람이 음식을 취하는 대신에 습관적으로 굶기 때문에 거하는 일에 실패한다. 일단 아기가 어른으로 자라나면 사람을 조각내서 아기로 만들 수는 없다. 그렇지만 굶는 상태가 서서히 진행되면 어른이라도 곧 아기처럼 약해질 것이다.

이렇게 말하는 사람도 있을 것이다. '나는 계속 은혜의 방편을 사용하고 있었다. 그렇지만 거하지 않아서 열매를 많이 맺지 못했다.' 이것이 보편적으로 하는 경험이다. 한 사람이 가난한 친구의 주머니에 살짝 금화를 하나 집어넣었는데, 그 친구가 그것을 발견하지 못하면 배고파하며 그냥 빵집을 지나쳐 갈 수 있는 것이다. 그 돈을 발견하면 그것으로 무엇이든지 살 수 있다. 마찬가지로 거한다는 사실을 깨닫게 되면 즉시로 기뻐진다. 믿음은 먼저 사실을 파악해야 하는 것이다.

memo

하나님의 뜻 1

THE WILL OF GOD 1

너희는 이 세대를 본받지 말고

오직 마음을 새롭게 함으로 변화를 받아

하나님의 선하시고 기뻐하시고 온전하신 뜻이 무엇인지

분별하도록 하라.

(로마서 12:2)

Be not conformed to this world:

but be ye transformed by the renewing of your mind,

that ye may prove what is that good,

and acceptable, and perfect, will of God.

(Romans 12:2)

하나님이 하나님이시라는 사실로 우리는 충분히 만족한다. 그분의 뜻은 필연적으로 선하고 완전하기 때문에 우리에게 기쁨이 된다. 무한한 사랑이신 그분께서 무한한 지혜와 무한한 자원을 가지고 무엇인가를 하려고 하신다면 어떻게 그 뜻이 좋지 않고 완전하지 않을 수 있겠는가? 그런데 그것이 우리에게 마음에 들지 않는다면 분명 우리가 잘못되고 어리석어서 그런 것이 아닌가? 우리는 자비하신 하나님께서 막대한 대가를 치르고 구속하신 자녀이다. 하나님의 사랑 받는 친 자녀라는 우리의 위치가 우리 몸을 산제사로 하나님께 드리도록 강권한다. 무한한 사랑으로 구속받은 자녀이기 때문에 오직 그분의 뜻을 분별하고 행하는 일에만 집중하면서 우리의 모든 것을 실질적으로 그분을 섬기는 제단 위에 올려놓는 것이다.

이 말씀을 보면 하나님의 뜻을 대적하는 세상의 뜻이 있는 것이 분명하다. 우리는 조심해서 세상의 뜻에 동화되는 것을 피하고 하나님의 뜻에 일치되도록 영적인 변화를 받아야 한다. 그리스도인이라면 모두 이 말씀에 신학적으로 동의할 것이다. 그런데 실제 삶에서는 간과할 때가 많다. 아니면 그것을 충분히 인식하지 못하고 있다.

자녀가 되어 부모로부터 받을 가능성이 있는 것을 탐욕스럽게 취하려고 하는 모습은 사랑스럽지 않다. 그러면서도 부모가 마음으로 소원하는 따뜻한 마음과 배려는 거의 보이지 않는다. 우리는 어떠한가? 하나님의 자녀로서 이러한 악을 저지르지 않기 위해서 충분히 조심하고 있는가? 자기도 알지 못하는 사이에 거룩한 일에까지 이기심이 들어오지 않았는가? 심지어 영적인 깊이를 추구하는 것도 진정으로 하나님을 기쁘시게 하고 우리 동료들에게 유용하기 위해서가 아니라 자신의 영적 만족을 채우려는 목적 때문은 아닌가?

경건함이 하나님을 닮는 것을 의미하고, 참 그리스도인이 된다는 것은 그리스도를 닮는 것이며, 거룩하다는 것은 약속의 성령께 순응하여 따름을 의미한다면, 우리는 높은 것을 부러워하지 않을 것이다. 대신에 준비된 마음으로 가장 낮은 곳을 찾아갈 것이다. 그렇게 해서 잃은 영혼, 파괴된 영혼을 구원할 수 있다면 그곳이 세상 어느 곳이든지 찾아갈 것이다.

memo

하나님의 뜻 2
THE WILL OF GOD 2

그리스도께서 하나님 곧 우리 아버지의 뜻을 따라

이 악한 세대에서 우리를 건지시려고

우리 죄를 대속하기 위하여 자기 몸을 주셨으니.

(갈라디아 1:4)

Who gave himself for our sins,

that he might deliver us from this present evil world,

according to the will of God and our Father:

(Gal. 1:4)

하나님의 뜻과 목적은 성경에 두드러지게 나타나 있다. 주 예수 그리스도께서 '우리 죄를 위하여 자신을 주심은 하나님의 뜻을 좇아 이 악한 세상에서 우리를 구원하려 하심이라.' 이 위대한 목적은 사탄이 하나님의 아름다운 창조세계를 망쳐놓은 후에 생각하신 것이 아니다. 영원 전 멀고먼 그 옛날 아버지께는 보물 – 사랑하시는 아들 –이 있었다. 성경은 그분에 대하여 이렇게 말한다. '주께서 그 길의 시작에 나를 소

유하고 계셨다. 나는 날마다 그분의 기쁨이었다.'

바로 그분께 아버지께서는 천지를 창조하실 때 당신의 영광스러운 계획을 실행하도록 맡기셨다. 그리고 하나님께서는 그분이 언제나 바로 당신의 뜻을 행할 준비가 되어 있는 것을 아셨다. 그런데 하나님의 형상으로 인간을 창조하시기 훨씬 이전에, 하나님께서는 당신의 형상이 훼손될 것을 아시고 타락한 인생을 구속하기로 뜻을 정하셨다. 그 대가가 얼마나 값비싼 것이었던지! 하나님은 사랑하시는 그분을 내주어야 했다. 그러한 값을 치르고 하나님께서는 당신의 뜻을 성취하셨다. '하나님이 세상을 이처럼 사랑하사 주신 것'이다.

그런데 하나님이 아들, 하나님이 사랑하시던 그분은 이 하나님의 뜻을 어떻게 보셨는가? 자신을 비우실 때 마음이 내키지 않는데 억지로 그렇게 하셨는가? 아니다! 그분은 '자기 앞에 있는 즐거움을 위하여 십자가를 참으시고 부끄러움을 개의치 않으셨다.' 자신의 생명을 기꺼이 희생제물로 드리셨다.

아, 그러한 아버지와 아들의 정신이 우리에게는 얼마나 부족한가! 참으로 신실하지 못한 종들이었다! 구세주의 생명을 희생하여 구원 받은 것에 기뻐하면서도 그분의 사역을 위해서 우리의 삶을 포기하는 일에는 얼마나 인색하였는지! 우리 중 멸망으로 치닫는 이 세상에 대하여 피문은 죄에서 자유롭다고 말할 수 있는 사람이 있는가? '내게 있는 모든 것을 제단 위에 드린다'고 찬양할 수는 있다. 그러면서도 이방인의 구원을 위해서 손의 가락지나 벽에 걸린 그림, 또는 가정의 자녀를 드리는 일에는 준비되어 있지 않다. 우리 삶을 산 제물로 드리기 위해 참으로 마음을 새롭게 하여 변화를 받고 있는가?

memo

- -

- -

- -

- -

- -

- -

- -

- -

- -

- -

1865년 허드슨 테일러가 창설한 중국내지선교회CIM: China Inland Mission는 1951년 중국 공산화로 인해 철수하면서 동아시아로 선교지를 확장하고 1964년 명칭을 OMFOverseas Missionary Fellowship INTERNATIONAL로 바꿨다. OMF는 초교파 국제선교단체로 불교, 이슬람, 애니미즘, 샤머니즘 등이 가득한 동아시아에서 각 지역 교회, 복음적인 기독 단체와 연합하여 모든 문화와 종족을 대상으로 예수 그리스도가 구세주이심을 선포하고 있다. 세계 30개국에서 파송된 1,300여명의 OMF 선교사들이 동아시아 18개국의 신속한 복음화를 위해 사역 중이다.

OMF 사명
동아시아의 신속한 복음화를 통해 하나님을 영화롭게 하는 것이다.

OMF 목표
하나님의 은혜를 통하여 동아시아의 모든 종족 가운데 성경적 토착교회를 설립하고, 자기종족을 전도하며 타종족의 복음화를 위해 파송되는 것을 목표로 한다.

OMF 사역중점
우리는 미전도 종족을 찾아간다.
우리는 소외된 사람들에게 관심을 갖는다.
우리는 복음을 전하는 일에 주력한다.
우리는 현지 지역교회와 더불어 일한다.
우리는 국제적인 팀을 이루어 사역한다.

OMF INTERNATIONAL-KOREA
한국본부: 137-828 서울시 서초구 방배본동 763-32 호언빌딩 2층
전화: 02-455-0261,0271/ 팩스 • 02-455-0278
홈페이지: www.omf.or.kr
이메일: kr.com@omfmail.com/ kr.family@omfmail.com